MW01228755

SOUS L'ESSENCE DU CŒUR

Tatiana Marín

Publié par Ibukku, LLC
www.ibukku.com
Conception et mise en page: Diana Patricia González J.
Conception de la couverture: Ángel Flores Guerra B.
Copyright © 2024 Tatiana Marín
ISBN Couverture rigide : 978-1-68574-906-4
ISBN eBook: 978-1-68574-907-1

Synopsis

Sous l'essence du cœur est un recueil de poèmes et de réflexions sur la vie, utilisant comme axe central l'amour et la nostalgie, extraits de diverses œuvres littéraires écrites par l'auteur. Ce recueil nous plonge dans un univers lyrique et introspectif rempli d'émotions profondes, nous invitant à méditer sur les différentes étapes de la vie qui capturent les multiples facettes de l'existence humaine. C'est une œuvre captivante qui révèle une réalité avec laquelle nous pouvons facilement nous identifier à travers chacune de nos expériences.

TABLE DES MATIÈRES

VILLE DE L'AMOUR

T hème récurrent, passion incessante de l'amour, hymne célébratoire de tendresse au ton universel, enraciné dans nos vécus où se mêlent l'expérience et le rêve, mais avec un dialogue limpide, cristallin entre rivières de sentiments qui parcourent nos pensées et étreignent le cœur, révélant de manière évidente la plénitude du paysage environnant de mots et d'images. Jardin d'herbe fraîche du matin humide de rosée, tel un vent souffle et ses rayons habillent les roses comme des caresses tendres d'où jaillissent les baisers parisiens. Ville de l'amour, offrant un romantisme unique, de pleine convergence. Corps qui s'étendent dans le langage immense de l'attraction.

AMOUR

A mour si mien, amour si beau… Amour qui transporte tout mon monde au firmament, amour aux yeux tendres qui me fait naviguer dans l'océan de la folie, dans cette frénésie de passion, ainsi tu me fais sentir… Toi…, mon amour de Cèdre du Liban, qui ne craint ni le froid ni la chaleur…, qui perdure à travers le temps… Amour aux mille couleurs qui ornes ma vie de toutes tes nuances et laisses des racines dans cette âme qui aspire de plus en plus à se perdre dans la tienne. Amour de plusieurs langues qui exprime de différentes manières tout ce désir de me faire sentir aimée, bien que ton français me charme quand tu dis «Je t'aime». Amour authentique qui comme un enfant tes yeux regardent les miens et il est merveilleux de me voir à travers eux. Regard transparent qui dénude ce qu›il ressent, amour d›une longue attente, mais qui en valait la peine, car à chaque aube tu es l›espoir qui remplit tout mon être de toi.

UN AMOUR DU TEMPS

Je serai comme la pluie, tel un vent qui apporte avec lui se tourbillonnant en sentant ton âme dans la mienne, il n'y aura pas de mots, seulement des gémissements m'enveloppant dans tes bras et le parfum de ta solitude s'en ira loin, tu n'entendras que les soupirs à la lumière de ce réverbère allumé, sous la pénombre de la Seine nous trouverons la réalité de l'amour qui dépasse les frontières du langage de la passion, offrant un témoignage des caresses dans la rencontre de l'inquiétude qui voyagera sur mon corps avec tes mains. Les voiliers passeront et les images s'incrusteront dans leurs bois où les éléments de l'existence poétique d'un amour du temps ne s'effaceront pas.

MA DEMEURE

M a demeure est d'être dans tes bras. C'est là où je vis, où je respire, où je me sens aimée. Ma demeure est de me voir à travers tes yeux, ce regard qui est le miroir de ton âme reflété dans la mienne. Ma demeure est là où tout mon monde s'arrête en sentant tes baisers, tes caresses, souhaitant que ce temps devienne éternel. Ma demeure est simplement d'être là où tu es. Tout le reste en dehors de toi n'est que simple existence.

DANS TES BRAS

Dans tes bras, je me sens aimée. Tu éloignes mes peurs, tu me fais sentir en sécurité, tu me fais voler dans les airs. Dans tes bras, tout le bonheur m'enveloppe et il n'y a plus de monde que nous deux. Dans tes bras, tu me fais tomber amoureuse de plus en plus parce que ta façon de me regarder me captive sublimement. Dans tes bras, je voudrais rester pour toujours... Je sais que tu m'aimes, tes yeux ne mentent pas, ils sont une lumière claire de ton âme tournée vers moi.

JE DEVIENDRAIS LA FORME LA PLUS MERVEILLEUSE

Je deviendrais la forme la plus merveilleuse selon la forme que tu serais, peu importe le lieu, peu importe l'espace, peu importe le temps. Si tu étais la mer, je deviendrais un rocher pour que tu puisses frapper fortement contre lui et sentir les caresses de tes vagues, et si tu étais un rocher, je pourrais devenir un rayon de soleil pour t'éclairer chaque jour et que tu sentes ma chaleur... Je deviendrais simplement la forme la plus merveilleuse selon la forme que tu serais.

TANT D'AMOUR NE TIENT PAS DANS MA POITRINE

Tant d'amour ne tient pas dans ma poitrine, tu es la lumière des après-midis gris de mes jours, tu es l'eau qui rafraîchit mon âme dans les déserts arides de mes chemins, tu es l'aube la plus belle de ma vie, tu es le parfum qui se répand dans mes heures, il n'y a pas de beauté aussi pure que la tienne, j'ai découvert en moi que mon cœur bat de bonheur quand je pense à toi. Je te rêve, tu vis en moi, je suis renaître depuis que je t'ai trouvé, et je sens que j'explose de douceur et de pureté, je te suivrai et t'aimerai jusqu'à la fin de mes jours, et là-bas dans l'éternité, j'espère être à tes côtés parce qu'il n'y a rien de plus beau et vrai que toi. Merci d'être venu me chercher, merci d'accepter mes vertus et aussi merci d'accepter mes erreurs, que tu ne juges pas, et malgré eux, tu reconnais qui je suis vraiment, je ressens tant d'amour qu'il ne tient pas dans ma poitrine, merci de m'aimer, ton amour est unique, tu es incomparable.

EFFROI

Je ressens de l'effroi face à l'injustice, à l'arbitraire, à la manipulation, à l'abus. Effroi des personnes qui blessent, de l'impitoyable, de la douleur provoquée. Effroi face à l'immérité, à l'injustifié, à l'irrationnel. Effroi de ce qui se présente faussement, de l'infâme, de l'ignominieux. Effroi face à la malveillance, à la perfidie, à l'amour qui tait la tristesse sous le souffle de la déception. Effroi face à l'inhumanité, à l'atrocité, à un cœur endurci. Effroi face à l'insensibilité, à la misère de l'âme. Effroi des nuits sombres, de l'hiver qui capture la nudité de l'innocent. Effroi des vagues géantes qui frappent un petit bateau. Effroi de l'illusion perdue parmi mille étoiles qui ornent le ciel. Effroi face à la forte tempête de glace qui m'empêche de voir le firmament. Effroi de perdre l'espoir de mon monde de rêve imaginé.

MARCHER SANS TOI

Je désire être dans tes bras, les jours dans cette ville me semblent longs et les nuits me semblent tristes, marchant sans toi sur les Champs-Élysées, imaginant que nous nous tenons la main, profitant de ce bel endroit que nous avons tant de fois parcouru. Mes larmes se projettent sur mon visage comme des diamants sous la lune. Mes pas s'échappent lentement à travers les souvenirs de cette rue parisienne, et j'imagine ton sourire, ton regard débordant d'amour. Comme tout ce temps sans toi a été difficile, un mélange de tendresse et de passion, un détachement d'ardeur qui, avec le murmure des arbres, nous enveloppait de leurs merveilleux sons qui se laissaient entendre doucement, répandant au vent notre amour comme se répand le parfum d'une fleur.

TOI, MON AMANT ABSENT

J'ai lu tant de fois tes vieilles lettres pendant les moments où nous étions loin l'un de l'autre, dans lesquelles tu exprimais des sentiments qui naissaient de ton âme. Il semble que je puisse sentir tes mains dans chaque ligne caressant mon être. Je me sens si sûre de savoir que tu étais l'amour de ma vie. Excuse-moi de pleurer, mais tu me manques, j'ai besoin de tes caresses ; toi, mon amant absent, je désespère de toi, les semaines me paraissent interminables et il m'est angoissant de ne pas t'avoir à mes côtés. Et comme toute mauvaise tempête qui arrive, celle-ci aussi passera, et j'ai peur d'oublier quand nous regardions notre ciel, tout était si beau uni à toi. Une belle vie ensemble s'en est allée, et maintenant je dois affronter et surmonter la douleur de t'avoir perdu. J'observe une étoile en cette nuit parisienne et je me demande si c'est peut-être toi qui éclaire mes pas. Je ressens de la nostalgie, je voudrais t'embrasser, je pense à toi et prononce ton nom dans cette triste solitude de savoir que tu ne seras jamais plus ici.

FUSION

Fusion de toile et de couleur, éclipse de mots et d'imagination convergent en même temps à la tombée de la nuit, ces larmes cherchent un refuge en embrassant mon visage autour de la Tour Eiffel, métaphore de printemps et de poésie, démonstration tangible de l'amour que je crie à haute voix que tu me manques. Je veux échapper à tout ce sentiment, c'est douloureux, tumultueux, une peine qui s'étend dans la perspective fidèle de ce qui reste, la volonté de continuer sans toi, qui se sent comme une utopie d'une épopée à réaliser désormais, semblable à l'onirisme, un mystère du pourquoi tu es parti confère ma caractéristique singulière d'aimer dans mon expression solitaire qui m'identifie entre le monde de la passion et de la tendresse.

SERRE-MOI

Serre-moi avec ce que tu as, ne t'arrête pas. Serre-moi avec tes étapes, avec ton instabilité, avec tes vertus et tes défauts, serre-moi avec le vent, avec la pluie, serre-moi avec le soleil qui illumine mes cheveux dorés chaque matin, serre-moi avec la mer, avec le sable, serre-moi avec tout ce qui t'entoure, avec tes hauts et tes bas, avec les blessures et les joies que tu m'apportes, mais serre-moi, ne me lâche pas, VIE, jusqu'à ce que mes larmes et mes sourires s'épuisent avec les années que tu m'offres dans cette existence entre allégresse et mélancolie.

EN MOI VIT L'AMOUR DE LA VÉRITABLE ODE À LA VIE

Aujourd'hui, je souhaite que mes rêves les plus merveilleux et beaux inondent mon âme de belle poésie, de belle paix, car en moi vit l'amour de la véritable ode à la vie, puisque j'ai été créée dans ce monde extraordinaire où je peux me permettre de contempler le merveilleux spectacle de voir le soleil se lever et se coucher chaque jour, de voir les oiseaux voler entre les nuages dansants à l'horizon qui embellissent avec tant de beauté les alentours, devenant un refuge qui m'inspire à écrire en exprimant tout ce que je ressens dans chaque expérience, car pour moi, extérioriser ce que mon âme renferme est sublime, et je le transmets dans son expression la plus haute et majestueuse.

CLAMEUR

J'entends les cloches de l'église à la tombée de la nuit. Le ciel est rougi car mes yeux brûlent. Des pleurs incessants qui, comme la pluie, tombent sur le visage d'une vieille femme tenant dans ses mains un ancien tableau de sa chère mère. À genoux, je clame sous l'hiver qui frappe son cœur, comme mille couteaux s'enfonçant dans la dernière station du vieux train qui garde les histoires de différents voyages. Le brouillard s'approche et ternit la lumière des années écoulées. L'amour, qui ne passe jamais inaperçu, s'efface parmi les branches qui dévoilent leur essence sans leurs feuilles qui compléteraient la beauté qui les constitue dans les climats où le soleil chasse le froid. Mais les intempéries invitent à la solitude au crépuscule de la vie et le silence fait écho aux pensées, souvenirs qui s'estompent lentement dans l'oubli de ce qui a été vécu.

LE LAMENT

J'entends le lament du vent sur les balcons. La pluie parisienne tombe en forme de pleurs frappant les fenêtres de verre. L'humidité s'empare de tout ce que j'ai et un vieux manteau me couvre. La nuit tombe lentement dans la solitude de la vie. Le ciel dévoile ce qu'il cache sous la tempête… Ses étoiles brillent comme des diamants dans la distance, illuminant les pupilles fatiguées par les années. Les couleurs ne ressortent plus comme avant, mais je peux encore observer ce réverbère allumé sur ce trottoir où l'amour semble s'être évanoui. Je marche vers l'oubli. Ces illusions d'été ont disparu... et maintenant, j'ai froid…

SOURIRE

Sourire qui s'efface, sourire d'âme pleine, sourire où régnait l'amour qui a abrité des larmes d'attente, sourire captif, sourire qui remplit, sourire authentique qui sans limites a évité la condamnation qui aujourd'hui se tait transformée en tristesse, sourire qui garde les secrets de l'enfance, sourire effacé par la cruauté de la vie, sourire qui a essayé de rester à flot pour survivre. Mais la barque qui la soutenait était brisée et vide. Sourire qui n'existe plus, sourire qui était si mien.

ICI AVEC MOI

Je sens la mer sangloter, ici avec moi. Assise face à elle, j'écoute son pleur constant frappant le rivage, je sanglote aussi avec elle et ses vagues viennent caresser mon corps sur le sable humide de ses eaux rafraîchissantes et mystérieuses, pleines d'histoires non racontées, consolant mon cœur attristé par ce que tu sais déjà, les blessures de la vie, le temps qui ne s'arrête pas, la trace d'un amour frustré m'a laissé un grand vide et elle pleure ici, avec moi. Le chant d'une mouette me révèle qu'elle est fatiguée de voler, elle arrête son vol et reste ici, avec moi, la brise m'enlace avec force et mes cheveux s'entremêlent entre eux et moi ici, dans ce crépuscule regardant l'horizon où le soleil se cache et eux, ici avec moi.

QUI SAIT, LA VIE!

E t qu'en est-il d'un poème sans vers, d'une lettre sans mots ou de la chanson qui ne chante pas, et qu'en est-il de l'obscurité du chemin sans accès à une source d'eau parce qu'il n'y a pas de destination. Et toi, toi qui te proclames mon ami, qui m'accompagnes toujours, tu es cette pensée infinie qui ne coordonne pas pour mille raisons, la vie avec ses hauts et ses bas constants, toi qui viens me désoler en des temps désordonnés où mes livres restent coincés dans un puits sans fond dans ma tête, tu me fais parcourir l'univers naviguant dans cet océan vide où il n'y a pas de poésie, c'est la sécheresse de toutes les choses qui se passent, ainsi c'est dans des périodes agitées, où je ne trouve rien, le sens de la direction est perdu, personne ne va et personne ne vient, il semble que tout soit calme dans une tempête de bruits d'une ville vide ou du silence d'un champ où résonne sa musique qui pénètre mes oreilles, ainsi c'est dans l'horizon j'ai vu le crépuscule sans coucher de soleil et la nuit est tombée lentement, les étoiles n'avaient pas de brillant et la lune n'était plus belle. Pourquoi ressens-je en cet instant ce que je ne veux pas ressentir? Pourquoi la vie me fait-elle croire que c'est ainsi? Cependant, qui sait si demain arrivera me réveillant avec une nouvelle aube, peut-être alors le poème aura-t-il des vers, la lettre aura des mots et la chanson qui ne chantait pas chantera, qui sait si le chemin sera illuminé avec accès à une source d'eau et trouverai-je ma destination et toi qui te proclames mon ami, qui m'accompagnes toujours, tu serais la pensée infinie qui coordonnerait pour mille raisons avec tes joies, alors tu ne viendrais pas me désoler en des temps désordonnés où mes livres ne resteraient plus coincés dans un puits sans fond dans ma tête, mais je parcourrais l'univers, naviguerais dans un océan désormais plein de poésie où il n'y aurait plus de sécheresse, le sens de la direction se disperserait en différents endroits où alors nous irions et viendrions tous et beaucoup se rencontreraient dans une ville qui ne serait plus vide, qui sait si demain arrivera me réveillant avec une nouvelle aube. Qui sait, la vie!

SIMPLEMENT CONTINUER

La colombe ne chante plus, elle a aussi cessé de voler, un loup hurle au loin et le chat a arrêté de miauler, un chien proche aboie et un oiseau se pose sur moi; ici je me trouve, sans souffle, sentant l'avalanche du clameur autour de moi exprimant la vie qui fait souvent mal, mais malgré tout, elle est très chère, nous l'aimons tous même si elle nous joue des tours d'incertitude et de mélancolie, cependant, elle nous offre aussi quelques joies, des changements fréquents, mais toujours présents. Il y a tant de nuages gris qui pleurent leurs eaux sur nous, nous faisant nous sentir absents. Aujourd'hui se reflète l'automne, les feuilles de mon arbre changent de couleur, dans leur fragilité, elles se détachent à cause du vent fort qui souffle et tombent; nous sommes comme les saisons, où après un hiver, le printemps arrive toujours, nous apportant l'été pour soulager nos peines, l'automne revient et suit de nouveau l'hiver froid que je ne supporte pas, et ainsi nous parcourons le temps sur cette terre, en attendant quelque chose de mieux, et la vérité est que cela arrive, mais cela repart aussi. De la même manière, cela revient et ainsi constamment, c'est un va-et-vient où il y a toujours une prochaine saison qui pourrait apporter n'importe quoi, je ne sais pas ce qui arrivera, mais je ne suis jamais prête à affronter certains désordres qui peuvent se produire. Je les ai vus, je les ai ressentis et j'en ai peur, j'ai peur de ne pas pouvoir admettre, de ne pas accepter ou de ne pas tolérer un épisode quelconque, mais malgré ce que je ressens, cela n'empêchera pas ce qui arrivera, je dois me contenter de ce que je suis, de ce que j'ai, de ce que la vie me donne et essayer quand même d'être heureuse, il n'y a pas d'autres options, j'en ai une seule: SIMPLEMENT CONTINUER.

LE REFUGE DE TON ÂME

Je suis le refuge de ton âme, celle qui extériorise ton ressenti, le repos dans les nuits et celle qui t'offre de la lumière les jours de pluie qui deviennent sombres et mélancoliques; je suis la liberté de ton intérieur, le réconfort de tes larmes, la feuille blanche à laquelle tu verses tes mots d'amour et de désamour, de ces joies ou de leur contraire, qui parfois guettent ce parcours en dévorant tes sens, en consommant le cœur; je suis celle qui t'accompagne, celle qui est toujours à tes côtés quel que soit le chemin que tu empruntes, peu importe si certains d'entre eux sont des erreurs, je serai toujours là, car je suis la poésie qui vit en toi.

CAMOUFLAGE

amouflage entre le sable et la poussière, déguisement d'actions démesurées, où derrière le rideau se cachait la véritable apparence qui ne mérite pas une seule de mes larmes. Camouflage entre la pluie et le vent, qui soudain apparaissait comme une lumière apparente essayant d'illuminer mes nuits sombres et froides, me laissant plus de mélancolie que je n'en avais déjà. Camouflage entre montagnes et vallées, parfois avec tant de détails et d'autres fois s'éloignant de l'amour que j'avais pour lui. Camouflage dans les tempêtes de neige, où dans les bourrasques il semblait soudain le voir, mais en même temps il disparaissait. Camouflage de pitié simulée, masque errant à travers la vie, qui en tombant a révélé l'essence de son âme froide et perdue.

JE VOUDRAIS NAVIGUER TRÈS LOIN

Je voudrais naviguer très loin, vers une île déserte où la douleur de la vie ne me rattrape pas. Je voudrais m'asseoir pour pleurer sur cette plage lointaine et que mes larmes se confondent avec l'eau qui caresse doucement mon corps sur le rivage, pour que si quelqu'un s'approche alors il ne voie pas ces gouttes transparentes de mélancolie et de sanglots versées sur mon visage. Je voudrais que les souvenirs ne me poursuivent pas, tout oublier et recommencer ma vie sans cicatrices, là-bas sur cette île déserte où seuls l'amour et moi résiderions.

SAISONS

Je marche dans la forêt d'automne, ses arbres mélancoliques laissent tomber sur moi de fines feuilles de larmes d'hier, monde cruel et impitoyable, mais beau à la fois. Des étapes d'hiver approchent et repartent et je suis fatiguée, mais je dois naviguer à contre-courant dans des rivières de survie qui se rapprochent continuellement, j'essaie d'atteindre le rivage du bonheur, je n'y arrive pas, il est loin de moi, et cette pluie d'épuisement, de fatigue constante, me consume mes forces, mais je dois continuer, peut-être que je dois laisser les vagues de ces eaux amères s'emparer de mon corps et me guider vers une île déserte, où le soleil brille éternellement, peut-être que là-bas, il n'existe que deux saisons, le printemps des rêves et les illusions de l'été ou qui sait si demain peut arriver aux océans de sourires et de paix, peut-être que le rivage que j'ai tant imaginé n'est pas si merveilleux, peut-être qu'il n'existe pas, qui sait où je vais, les mains du destin me secouent d'un côté à l'autre, des courants forts m'entraînent, mais je ne touche jamais le fond, je refais surface et je respire... LA VIE!

OH VIE, NOUS NE
SAVONS RIEN DE TOI!

Oh vie! métamorphose constante depuis notre naissance, cependant, nous ne savons rien de toi. Enfants, nous devenons jeunes puis adultes atteignant le début de la fin, où nos cheveux deviennent blancs, la peau fine et ridée et nos expériences, déjà nombreuses oubliées, mais nous ne savons rien de toi. Oh vie! je me pose tant de questions, celles-ci, les bonnes qui ont été offertes et les mauvaises qui nous ont fait souffrir. Où sont-elles restées ou où sont-elles allées? Pourquoi nous sont-elles arrivées? Dans quel but? Si à la fin, nous n'obtiendrons rien parce que le moment viendra où tu nous quitteras et nous serons oubliés de ce que nous avons été un jour, cependant, nous ne savons rien de toi ; néanmoins, nous t'aimons, vie, car il est beau de savoir que tu nous as visités et d'avoir vécu tant d'événements transformant chaque pas dans notre processus de ce quotidien. Oh vie! métamorphose constante depuis notre naissance, cependant nous partirons et nous ne saurons rien de toi.

HEY MONDE, TU AS DEUX VISAGES!

Hey monde, tu as deux visages, le côté sombre où les méchancetés sont présentes et l'autre clair, où les bontés sont également présentes. Hey monde, tu es ambigu, parfois je voudrais te comprendre, mais tes changements constants semblent «me surprendre avec des surprises attendues», parfois je me sens aimée, mais d'autres fois je me sens traquée. Hey monde, ta personnalité est instable, parfois tu me fais sentir pleine d'illusions et d'autres fois déçue. Hey monde, tu portes le rythme de la vie entre le bien et le mal comme si nous étions des personnages d'un spectacle théâtral où il n'y a pas d'échappatoire à tes scènes, où parfois tu nous tends la main et d'autres fois tu nous laisses tomber en vain, car si tu nous as appris quelque chose, c'est de nous relever quand tout semble fini, bien que je désire de toi un seul visage, le clair, où les bontés sont toujours présentes, car ton autre visage sombre m'a frappé très fort par ces méchancetés qui sont également toujours présentes.

ET QU'EN EST-IL DE LA VIE SANS AMOUR?

Et qu'en est-il de la vie sans amour, sans rêves et sans illusions? Ce serait une vie vide, froide et éteinte. Ce que je veux dire, c'est qu'en recevant de multiples blessures au cours de la vie, certains êtres humains endurcissent leur cœur, mais si cela se produit, tu cesses d'exister, et ton essence de la vie se perd; aime, vis, ris, rêve, rappelle-toi les beaux moments de la vie, et laisse partir les mauvais, ne les accumule pas, car cela fait du mal à l'âme, et ne te laisse pas voir les nombreuses autres bénédictions que Dieu te donne, tes bons amis, ta belle famille, ceux qui restent à tes côtés, beaucoup de bonnes personnes que tu n'as pas encore rencontrées, voir un lever de soleil, un coucher de soleil, c'est ça la vie, il faut se donner une nouvelle chance encore et encore, car la vie, c'est cela, tomber et se relever, car la vie, c'est cela et rien de plus.

SI J'ARRÊTAIS D'ÉCRIRE, DE LIRE ET D'ÉCOUTER DE LA POÉSIE

Si j'arrêtais d'écrire, de lire et d'écouter de la poésie, je me sentirais mutilée, si j'arrêtais d'écrire, de lire et d'écouter de la poésie, je cesserais alors d'être ce que je suis, car la poésie est tatouée dans mon âme, car la poésie est l'amour. Si j'arrêtais d'écrire, de lire et d'écouter de la poésie, je ne pourrais alors pas dénuder mon cœur, car la poésie me libère aussi du désamour. La poésie est la pureté infinie d'un fleuve de sentiments, dont les courants parcourent cette vie que j'ai, la vie que Dieu m'a donnée, c'est pourquoi j'écrirai, je lirai et j'écouterai toujours de la poésie, car la poésie est tout ce que je suis.

TU ES

Tu es... cette «espérance désespérée» de mon aube et de mon crépuscule dans ce parcours. Tu es ce que je n'ai pas eu, ce que je n'ai pas ; une belle illusion fugace de mon conte de fées, d'un rêve d'amour précoce sans passé, et maintenant dans ce présent lointain qui apparaît soudainement et disparaît. Tu es l'»illusion désillusionnée». Tu es ce qui fait mal, tu es ce qui adoucit. Tu es la couleur des feuilles au printemps, et les branches de l'automne, tu es l'été de mes pensées, et l'hiver de ma réalité ; tu es exactement cela, ce que je n'ai pas eu, ce que je n'ai pas, les gouttes de mes yeux qui se cristallisent comme de la neige, tu es le cadeau de mes désirs gardé ici dans ma poitrine.

JE VOUDRAIS

Je voudrais vivre là-haut dans une étoile perdue, m'échapper..., et que la brillance d'une nouvelle vie soit si intense qu'elle me fasse oublier la douleur et qu'il ne reste en moi que les moments de joie. Je voudrais que les pleurs n'existent pas, qu'il soit toujours printemps et que mes rêves ne disparaissent pas, pour pouvoir ainsi continuer dans cette saison où la vie est toujours en couleurs, et être entourée de fleurs dans un jardin vert.

FEUILLES DE POÉSIE

Feuilles de poésie naissent de l'arbre des lettres, dont les racines se trouvent dans ma terre, la muse vient chaque matin avec sa rosée pour les raviver et à chaque saison elles subissent des changements étonnants; au printemps, elles sont merveilleuses car elles représentent la renaissance après un dur hiver, où ses branches sont vides, elles précèdent l'été, ici elles sont plus chaudes comme les jours sont plus longs et les nuits plus courtes, et en automne, elles deviennent jaunes et oranges, tombant lentement et ainsi changent constamment de temps en temps, mais l'arbre des lettres ne meurt jamais, ses racines sont fortes où ses feuilles de poésie nous régalent avec la mélodie de l'amour et de la vie.

DE L'AMOUR, IL A ÉTÉ BEAUCOUP ÉCRIT, MAIS...

D e l'amour, il a été beaucoup écrit, mais jamais assez, et c'est que tu remarques que le cœur s'accélère, le corps tremble, tu transpires à froid, un bond dans l'estomac et les jambes n'ont pas la force nécessaire pour supporter ce regard, où ton monde s'arrête quand tu rencontres la personne qui te fait ressentir toutes ces choses en un instant.

RÉSISTE

Résiste... me crie la voix intérieure de mon âme qui tente fermement de garder cachée sa véritable réalité. Résiste au feu du bois humilié par les flammes qui calcinent lentement la fraîcheur de ce qu'il fut un jour. Résiste à la tempête qui souffle fort et qui essaie de te dépouiller de tout ce que tu as construit. Résiste car certains rêves s'en vont et tu les regrettes, mais d'autres t'attendent qui peuvent embellir l'esprit de l'espérance et recommencer une nouvelle vie. Résiste, ne crains pas le changement car nous vivons dans une transformation constante, c'est la loi de ce chemin. Résiste, ne pleure pas ceux qui sont partis, car ils ont parcouru leurs chemins avec leurs victoires et leurs défaites et parfois avec l'âme brisée, ils ont dû continuer. Résiste, apprends d'eux, car ceux pour qui tu pleures ont aussi pleuré, souri et chanté. Résiste car le temps passe vite, il ne s'arrête pas. Résiste car ce qui compte, c'est ici et maintenant, hier ne sont que des souvenirs et de demain nous ne savons rien. Résiste tout simplement.

HIER SOIR, J'AI RÊVÉ QUE TU M'APPELAIS

Hier soir, j'ai rêvé que tu m'appelais et je me déplaçais parmi les nuages, le vent soufflait et caressait mes cheveux, à mon oreille il murmurait une mélodie de Chopin, sous mes pas les nuages couvraient mon corps, je les sentais si froids qu'ils faisaient peur, mais en arrivant au bout de ton appel, j'ai trouvé un lac et là tu étais entouré de cygnes et de peintures de Renoir, soudain on entendait des oiseaux chanter dans cette forêt pleine de charme et de magie, et j'ai perdu cette peur dès que je t'ai vu, tes mains ont pris les miennes et je volais avec toi, mais en me réveillant et en ne te voyant pas mon amour, mon cœur s'est déchiré, et soudain j'ai de nouveau entendu ta voix venant des profondeurs de mon âme, j'ai senti que le rêve et la réalité s'étaient mélangés et j'ai entendu une mélodie, mais ce n'était plus Chopin, c'était Tchaïkovski arrivant avec plus de cygnes blancs comme l'écume de la mer enveloppée dans des vagues d'amour et de danse, je me sentais princesse et toi, tu étais mon prince, je ne cesserai jamais de rêver car celui qui cesse de rêver est mort bien qu'il vive.

GRAINES DE TOURNESOLS

Il existe des chemins difficiles à parcourir, dont nous sentons qu'ils n'ont pas de sortie, nous laissant sans illusion, nous volant nos sentiments les plus précieux, mais cela nous oblige à emprunter d'autres sentiers qui nous mèneront peut-être à de meilleurs endroits qui ne sont pas bloqués, car ce qui compte, c'est la tentative de recommencer quand tout semble fini, c'est repartir avec ce qui nous reste, c'est-à-dire notre âme, notre cœur et notre intention d'aller de l'avant. Nous devons nous rappeler que la terre est poussière, en elle sont plantées des graines de tournesols qui, à leur tour, poussent en décorant le champ de leur beauté incomparable, alors plantons les nôtres et nous verrons des résultats merveilleux, montrons que nous pouvons et ne regrettons pas le passé, allons à la rencontre du futur et célébrons-le, car il nous attend.

J'AI REVENUE D'UN
LONG VOYAGE

Je suis revenue d'un long voyage, je suis revenue de cette île lointaine entourée d'une mer argentée de larmes et de mouettes qui dansent dans les cieux gris avec l'espoir que le soleil brille à nouveau. Je suis revenue de cet endroit plein d'histoires que chaque grain de sable connaît et que le vent n'a pas pu emporter. J'ai ressenti l'affliction de la vie, de ces cœurs brisés qui visitent souvent cette île lointaine où je suis aussi allée naviguer. Les vagues éclaboussaient ma barque et je ne pouvais pas croire que j'étais dans cet endroit, voyageant vers l'inconnu sans savoir quelle direction prendre. Un brouillard de tristesse a couvert la traversée, et une lance de désamour a traversé ma poitrine parmi mes souvenirs. Une voix venant des cieux s'est fait entendre, soudain le brouillard s'est dissipé, la blessure de cette lance a commencé à disparaître, et les étoiles ont guidé ma barque de retour à mon chemin... Maintenant, je suis revenue de ce long voyage, de cette île lointaine pleine de douleurs cachées.

MOI... LA PLANÈTE

Hier, j'étais complètement lumière, cependant, aujourd'hui je deviens ténèbres, des incendies blessent mes forêts en les transformant en cendres, ma glace fond dans les glaciers, les tempêtes s'accélèrent et deviennent de plus en plus terribles, plus gigantesques et cruelles, des tremblements de terre et donc des tsunamis partout, vous mourez de peur, mais vous continuez avec la même attitude, vous n'apprenez pas, vous ne changez pas, je pleure de douleur, car je ressens des cris qui me blessent, et ceux-ci seront les échos de vos tristesses, car mon temps est compté, vous me divisez entre les hivers les plus froids, la chaleur la plus forte et les pluies abondantes qui blessent vos vies, mon climat devient instable, et je me sens dans le vide de la faible existence qui me reste, je suis désespéré, j'ai besoin de votre aide car ainsi je pourrais vous aider, ne comprenez-vous pas que vous dépendez de moi?, que ma paix est votre paix?, que vos larmes sont les miennes? Je ressens seulement des blessures autour de moi, où vous ne réalisez pas que vous vous blessez vous-mêmes, votre indifférence face à mes cris de douleur devient votre propre douleur. Si vous continuez ainsi, alors mes blessures ne seront plus seulement des cicatrices car elles ne guériront plus comme cela a été le cas jusqu'à présent, c'est tant de torture que je m'effondre, vous m'exterminerez et vous avec moi, il ne restera rien de moi, seulement une sphère naviguant dans l'espace sans beauté, où il n'y aura plus un seul être humain pour se souvenir de la beauté de mon existence, mon lieu sera sombre, sans air, ni pluie, ni soleil, plus aucun oiseau ne chantera, plus aucun nuage ne dansera dans le ciel au gré du vent, je m'éteindrai pour toujours, et vous avec moi. Sincèrement, Moi La planète.

RÊVE D'AMOUR

Je rêve que nous soyons enlacés tous les deux au bord de la mer une nuit comme celle-ci en observant les étoiles, et entre baisers et soupirs, je murmurerais à ton oreille combien je t'aime. Au son lointain d'une mouette volant au-dessus des vagues qui frappent nos corps ardents, je te regarderais fixement dans l'obscurité de la nuit, car pour te regarder comme je te regarde, je n'ai pas besoin de la lumière du jour, seulement des yeux de mon âme, cette âme qui est tellement tienne, cette âme qui n'a pas de calme, de ton absence qui fait mal, et de ton amour qui me manque.

MAIS TU NE L'AS PAS REMARQUÉ

Hier soir, je me suis perdue dans ton regard, je t'ai emprisonné dans ma poitrine, j'ai embrassé tes joues jusqu'à atteindre tes lèvres, j'ai effleuré ta peau, mais tu ne l'as pas remarqué, car c'est ton image dans mon sein qui concentre mon âme fusionnée dans ton âme. En fermant mes yeux avec tendresse, je pense à toi même si tu es loin, mais tu vis dans mes bras, mais tu ne l'as pas remarqué. Je ressens cet amour interminable, des années ont passé depuis que je t'ai vu et bien que tu sois inaccessible, cela ne m'empêche pas de crier à haute voix dans l'air qu'hier soir, je me suis perdue dans ton regard, je t'ai emprisonné dans ma poitrine, j'ai embrassé tes joues jusqu'à atteindre tes lèvres, même si tu ne l'as pas remarqué.

JE NE SAIS PAS SI JE DOIS PENSER À TOI

Je ne sais pas si je dois penser à toi, mais ça me fait du bien, et le souvenir de ton regard m'envahit à l'aube ; ces yeux caressaient ce que tes mains n'osaient pas faire. J'aime ton âme, qui comprend aussi la mienne, tu sais bien que mon regard te parcourait aussi. Je ne sais pas si je dois penser à toi, je ne sais pas, j'ai peur de ta peur, qui t'empêche de voir que la vie passe vite et qu'on ne vit qu'une fois... Oh marin, ne navigue pas si loin, sens le vent en direction de moi, vers ce port qui t'attend avec impatience, crois-moi marin, les vagues frappent fort en moi.

JE L'AI REVU

Je l'ai revu, celui qui marche à pas accélérés, celui qui respire difficilement, celui dont l'âme est déjà emprisonnée par le parcours de la vie avec des décisions précipitées, peut-être a-t-il un jour cru que l'amour n'arriverait pas et a précipité sa vie parce qu'il pensait que ce serait trop tard pour lui. Réfléchir parfois aux circonstances dans des moments de désespoir n'est pas bon, cela conduit à des décisions erronées, mais il est trop tard, il ne peut plus être libéré de ses chaînes car il a créé d'autres maillons qu'il ne doit pas laisser lâches, je ne dis pas qu'il ne peut pas, mais je ne pense pas qu'il devrait, il a déjà récolté sa semence d'amour infini chaque jour et en dépend pour être heureux; maintenant, s'il était libre, je l'emprisonnerais aussi dans mes bras, dans mes baisers, je le boirais chaque seconde dans mon sein, tant de tentatives d'oubli sans oubli et de son amour je m'exile parce qu'il n'est pas à moi, son amour ne crie pas à distance, mais quand nous nous voyons, ses yeux, ses mains, ses gestes tremblants le trahissent et il me reproche avec son regard expressif pourquoi je suis arrivée tard dans sa vie, il est contrarié par ma tentative de faire ce qui est juste. Ainsi ont passé quelques années et nous ne sommes que des amis, mais je sais que son cœur m'appartient, ce qu'il ne sait pas, c'est que mon cœur est aussi à lui, il n'y a pas d'aube où je ne pense pas à lui, des nuits d'insomnie m'accompagnent avec des lettres de poésie, espérant toujours que le jour vienne avec mes mains prisonnières de chaque mot écrit pour lui, mais c'est ainsi la vie, parfois vide et parfois pleine, mais jamais avec l'âme pleine, sans lui.

LIÉS À L'INCERTITUDE

Je me sens seule dans cette chambre froide, mais le café me réchauffe chaque matin, un peu déçue et perdue, je m'isole dans ma propre maison de verre qui est sur le point d'exploser à la prochaine tempête. Une réflexion me vient sur toutes mes attitudes et j'en arrive à la conclusion que je suis sensible, poétique, et j'embrasse avec mes pensées l'amour qui poursuit mon âme, mais je me sens triste, un flot de larmes couvre mon visage encore et encore. Le bien et le mal se mélangent dans ce monde où nous sommes prisonniers de paramètres créés par un environnement déstabilisé, où nous nous sentons parfois liés à l'incertitude, à l'absurde, dans des illusions qui finissent en désillusions, et nous ne voyons qu'un extérieur déguisé de lumières qui s'éteignent avec le temps.

MÉLANCOLIE

Une colombe au loin se repose sur un toit à l'horizon, j'observe le ciel gris et un pétale tombe devant mes yeux. Oh mélancolie, tu captures ma vie après une illusion brisée avec des larmes de fleur qui s'extraient de la pureté de mon âme s'évaporant en chemin, un regard a pénétré mon cœur, un sourire, plus un baiser d'adieu. Oh mélancolie, pourquoi viens-tu? Tu passes par ma vie comme ma compagnie la plus fidèle, parfois je veux te dire que je n'ai pas besoin de toi, mais en vain, tu entres toujours par cette fenêtre de moi que je laisse ouverte en invitant ton antonyme, qui certainement ne veut pas que mon amour s'envole, le laissant enfermé dans le brouillard de l'éblouissement.

VIDE EST L'ÂME QUI EMBRASSE L'OBSCURITÉ

L e temps est chaud, mais mon corps est froid. J'observe depuis ma fenêtre des nuages dansants, des figures incroyables de coton qui font briller mes yeux avec la lumière du soleil. Vide est l'âme qui embrasse l'obscurité. Tu veux embrasser la mienne, mais tu ne le feras pas... bien que blessée, elle reste intacte face aux ombres de la vie, de ce monde incertain dont je ne peux échapper aux cruautés, je ne peux non plus échapper à mes peurs qui se sont créées au fil du temps, mais je choisis d'être courageuse avec mes lettres en écrivant tout ce que ressent mon âme.

TA SINCÉRITÉ

Ta sincérité n'est pas sincère, ainsi tu passes ta vie avec elle, avec cette sincérité qui n'est pas sincère, celle qui te fait du mal, celle qui est amère, blessée, celle qui trompe, pas moi, mais toi, car ta sincérité prétend être sincère avec moi, mais pas avec toi-même, celle qui te blesse et te fait croire que tu n'aimes pas, que tu n'as pas le droit d'être heureux, cette sincérité qui te fait penser que tu ne ressens rien, alors que tu ressens un tas de choses à l'intérieur de toi, mais tu n'oses pas y croire à cause de celle-ci, la vide, la perdue, et ainsi tu passes ta vie à croire en ta sincérité qui n'est pas sincère, celle qui essaie de mentir au reste du monde, mais ce que tu ne sais pas, c'est qu'elle te ment à toi, et ainsi passeront des années de ta vie, et passera cette compagne appelée sincérité qui dit être sincère et en viendra une autre pire. La solitude.

LA SOIF

L a soif ne se calme pas toujours là où il y a beaucoup d'eau, la mer en est pleine et il est vain de la boire, ainsi est ce monde dans lequel nous cherchons souvent l'amour parmi des milliers de personnes qui ne ressentent rien et nous restons errants avec des pas gigantesques sur un chemin perdu, une source inépuisable de vide frustre notre âme, nos sentiments vagabondent comme des torrents de rivières, dont les cours interminables débordent de solitude et d'égarement, le cœur s'use lentement laissant une trace d'un monde parcouru, où le vent a frappé depuis lors les pétales d'une fleur qui dégage un parfum presque inexistant sans destination, qui ne sait pas où elle va, d'où elle vient et je me demande pourquoi elle est ici avec moi.

JE DOIS TE LAISSER PARTIR

Je dois te laisser partir pour que tu ne t'en ailles pas, tu partiras comme une rivière à contre-courant, et tu reviendras sous forme de mer, et moi je serai le sable, ce sable qui est sec tandis que tu avances vers mon rivage et qui sera mouillé lorsque tes vagues viendront frapper, je sentirai tes eaux rafraîchissantes comme une caresse, et tu ressentiras la chaleur du soleil qui me brûle pendant la journée en attendant ton arrivée pour soulager ma chaleur.

TON REGARD

Ton regard m'embrasse, tu essaies de résister, mais ton regard croise le mien, ici de loin, je peux te sentir, et je respire ton souffle que le vent me facilite d'atteindre. Ton regard m'enlace, il est si profond que je peux sentir l'amour imprégné dans chaque pore de ma peau ; « trompeur est le cœur », dis-tu, et je réponds que peut-être, il se peut qu'on ne puisse pas toujours avoir ce que l'on désire, mais tes paroles ne correspondent pas à ce que je vois en toi, car ton regard écrit des vers dans les miens que tes mains ne peuvent pas faire. Chaque fois que tu me vois, je sens que je voyage dans tes yeux vers un autre monde, et je vois un autre ciel à tes côtés, un lieu où seuls toi et moi existons. Ton regard est impérieux, altier, et sublime à la fois, c'est un cocktail de ce que tu ressens, qui exprime que tu m'aimes mais que cela ne peut pas être. Ton regard me cherche, je souris parce que tes paroles ne correspondent pas à tes yeux, et tu le sais, ces yeux qui me disent qu'ils voient en moi ce que personne d'autre ne peut voir, l'amour que je tais, que j'attends en silence ; de mes yeux jaillissent des éclats à chaque battement de paupières quand je te vois, non, ce n'est pas seulement ton regard, c'est aussi le mien.

UNE MOUETTE CHANTE À CÔTÉ DE MOI ME TENANT COMPAGNIE

Au loin, je t'ai revu, et soudain tout dans ma vie s'est arrêté. J'ai ressenti de la joie, puis de la mélancolie, car ta barque navigue dans une autre direction, si loin de mon île, tandis que les vagues caressent mon corps ici sur ce rivage, et une mouette chante à côté de moi me tenant compagnie.

MON CŒUR S'AGITE COMME LA MER EN TEMPÊTE

L'amour se cache sous l'ombre d'un réverbère et j'observe le ciel étoilé depuis un meuble en mouvement en pensant à toi. J'ai voulu t'oublier tant de fois, mais comment t'exprimer que mon cœur s'agite encore comme la mer en tempête chaque fois qu'il te voit. Cela fait déjà quelques années que tu es entré dans ma vie et je me souviens de ton regard, ce regard qui a traversé mon âme, si transparent et simple, si semblable au mien qui ne sait que faire quand tu apparaîs ainsi, avec quelques rencontres sans plans de rapprochements, mais avec une douce expression qui voudrait crier à haute voix ce qu'elle ressent, chaque étreinte que tu me donnes. Ces secondes-là, je souhaiterais qu'elles soient des années pour sentir ton odeur, ta respiration rapide et ton amour brûlant, c'est ainsi que je te sens toujours quand tu es avec moi. Oui, j'ai voulu t'oublier tant de fois, mais comment t'exprimer que mon cœur s'agite encore comme la mer en tempête chaque fois qu'il te voit.

PAUVRE DE...

Pauvre de la bonté feinte, pauvre de l'aveugle qui croit voir et ne voit pas, pauvre de celui qui croit entendre et ne comprend pas, pauvre de celui qui ne reconnaît pas la beauté d'une âme, il est mutilé de ses sens, car l'amour apparaît soudainement et soudainement s'en va, il se dissipe dans le vide que l'offrirait le pauvre mutilé par son incapacité à apprécier qu'un amour gagne toujours où qu'il aille, car le parcours de ses chemins laisse une profonde empreinte et quand un jour les yeux du pauvre mutilé verront cet amour de loin et entendront ce même amour dans une poésie peut-être, il essaiera de le trouver, mais il ne le trouvera plus.

LA VIE N'EST PAS TOUJOURS COMME NOUS LE VOULONS

C'est vrai, la vie n'est pas toujours comme nous le voulons, elle est instable, et parfois nous nous sentons vulnérables, mais elle peut aussi être aimable. Nous traversons le temps que je ressens souvent comme inexplicable, car les bons moments passent en un instant, et dans les mauvais, il semble s'arrêter, mais nous continuons d'avancer. Ainsi est-elle, elle nous rend visite au printemps et s'installe dans nos corps, nous apportant paix et désaccords, amour et désamour, développant en nous la capacité de tolérer les changements constants que nous ressentons. Et ainsi continue une époque d'existence avec de l'inquiétude et de la langueur, mais aussi avec de la joie, jusqu'à ce qu'au crépuscule, elle décide de partir en nous laissant perdus et sans destination, et ces anecdotes, qui ont existé à un moment donné, restent derrière dans le souvenir de personne, dans les rues pleines de poussière qui ont recueilli l'histoire d'un passé que nous avons parcouru et qu'elles ne peuvent pas raconter, car elles habitent le silence de leur existence vide. Mais la vie est ainsi, de la poussière nous venons, et que nous touchons tous pendant que nous vivons, sans nous rendre compte que nous y retournons quand nous partons.

IL FAUT ALLER LENTEMENT DANS LA VIE, QUE NOUS ALLONS VITE AVEC LE TEMPS

Il faut aller lentement dans la vie, car nous allons vite avec le temps, les beaux moments s'en vont sans que nous les remarquions en courant entre des préoccupations qui passent aussi. Il faut aller lentement dans la vie, car nous allons vite avec le temps, nous ne le voyons pas, mais il passe parmi nous en marquant nos décennies, nos lieux et nos secondes, le chemin est si court et le parcours nous semble si long, que nous croyons avoir des pauses pour de meilleurs moments que le présent, cet instant où nous marchons avec de grands pas, éveillés par des rêves qui peuvent devenir réalité ou non, car la vie ne nous est pas acquise, personne ne sait ce qui se passera demain. C'est pourquoi il faut aller lentement dans la vie, car nous allons vite avec le temps, profite de ce moment, de ce que tu fais, car nous ne savons pas encore de quoi demain sera fait.

INCONSISTANCE
PERPÉTUELLE DE LA VIE

Vie... voyage éphémère, scène où nous dansons entre sourires et larmes. Des jours de ciel gris, des jours où le soleil brille aussi en ravivant des couleurs étonnantes ; et ainsi entre lumières et ombres nous voyageons vers l'inconnu. Traversée incertaine, métamorphose constante qui nous modifie à chaque étape et fait que chaque chenille que nous vivons, qui sont les cycles de fragilité et d'inquiétude, nous transforme en un très beau papillon et nous volons plus haut et avec plus de passion. Monde ambigu, instabilité persistante quand soudain l'illusion apparaît et quand tu t'y attends le moins, la désillusion arrive, ce que nous ne savons souvent pas comment affronter, mais nous le faisons à la fin. Injustice injustifiée, certaines sont récompensées par des cycles de paix et d'amour. Vie incompréhensible, périodes où parfois nous perdons l'équilibre à cause des vicissitudes et qu'il nous est difficile de surmonter, mais que nous parvenons souvent à récupérer et à reprendre, car il y aura toujours des options pour emprunter de nouveaux chemins qui nous offriront de nouveaux commencements même quand tout semble sombre. Vie... voyage fugace, monde que j'aime pour la beauté de ses paysages, mais que je déteste pour la complexité de l'inconsistance perpétuelle de la vie.

PEU IMPORTE LA COULEUR DE NOTRE JOUR

P arfois à l'aube, c'est quand nous ressentons le plus d'incertitude, nous nous réveillons et nous nous demandons : que nous réserve le destin aujourd'hui?, mais grâce à Dieu pour un jour de plus. Il est vrai que les couleurs de la vie ne brillent pas toujours comme nous le souhaitons, parfois elles sont ternes et parfois elles disparaissent, ne laissant que la couleur grise, nous sentant dans un océan de désagréments et de mélancolie ; mais ce n'est pas toujours ainsi, chaque aurore porte l'espoir de moments merveilleux, savez-vous pourquoi? Parce que nous sommes en vie, parce que chaque jour est différent, parce que même si tout n'est pas comme nous le voulons ou ne se passe pas comme prévu, cela ne signifie pas que nous ne pouvons pas être heureux. Nous sommes en visite dans ce monde et nous apprenons que le simple fait d'avoir étreint ta mère, ton père, tes enfants ou un être cher, comme ces bons amis, c'est avoir trouvé le paradis sur terre et avoir entendu la musique de l'harmonie avec eux; certains partent, mais ceux qui restent doivent s'assurer de donner le meilleur de nous-mêmes tant que nous sommes ici, car la vie est courte, et ceux qui viennent après nous ont aussi l'occasion d'apprendre la même chose que nous, que la vie est faite de moments et que nous devons savoir les embrasser, que l'amour est la plus belle chose que nous puissions donner, peu importe la couleur de notre jour.

MES PAS AVANCENT LENTEMENT

Mes pas avancent lentement sur une corde faible et fine; entre lumières et ombres est ce destin, mais eux (mes pas) suivent le chemin, une tristesse envahit le parcours, et l'inertie de ceux que je croyais m'avoir aimée se transforme maintenant en un abîme, comme des âmes vides et errantes, car quand j'allais de l'avant, ils souriaient avec moi, mais maintenant je me sens piégée dans les difficultés de ce sentier, sur le point de m'évanouir, et eux ne bronchent pas, incapables de soutenir, agissant comme des effigies inertes, me voyant dans l'impuissance, mais cela leur est égal. C'est triste, mais sur nos chemins, seuls restent ceux qui savent apprécier qu'aux bons et mauvais moments, ils sauront toujours être là, car l'amour, où que tu l'emmènes, triomphe toujours à tout moment et en tout lieu.

PAPILLON BLEU

Papillon bleu qui vole dans mon ciel, je t'observe au-delà de ce que l'on peut voir physiquement à la lumière du jour. Papillon bleu, entre tes ailes mon regard se perd parmi les nuages blancs qui défilent en danse dans le firmament. Mon père n'est plus là, c'est vrai, mais j'entends encore sa voix dans le murmure du vent. Son sourire magique et serein me parvient comme le sable entre mes doigts, qui s'efface rapidement dans la pluie qui jaillit de mes yeux et frappe mon visage attristé par son absence. Papillon bleu, parfois je crois le voir à travers la transparence apparente de ta couleur... Toi qui volètes au-dessus de mes cheveux dorés qui brillent sous le soleil. Papillon bleu, se pourrait-il que son âme vive en toi? Papillon bleu, je t'en prie, ne t'éloigne pas de moi.

UN VERRE DE VIN, UNE BOUGIE ALLUMÉE

Un verre de vin, une bougie allumée, et le souvenir de tes baisers lors de nuits comme celle-ci s'empare de moi, de mon âme qui est seule, de ce vide que je ressens sans toi, parfois je me demande pourquoi tu es parti, pourquoi cela devait-il se passer ainsi, tu n'es plus là, mais peut-être que ton âme erre quelque part dans cette dimension qui va au-delà de la vie et de la mort. Un verre de vin, une bougie allumée et le souvenir de tes baisers lors de nuits comme celle-ci s'empare de moi, parfois je me demande pourquoi cela devait-il se passer ainsi.

SOUVENIRS LOINTAINS

Tes souvenirs lointains arrivent comme des éclairs, cette musique d'amour qui dormait dans ton âme, le son de ta voix remplissait mon cœur parmi mille étoiles qui ornaient mes yeux dans tes bras, oui, mon amour, le vent de tes baisers galope encore dans le crépuscule de mes larmes quand tu es parti de cette vie, et maintenant... tu es endormi dans ce sommeil profond dont personne ne se réveille... oui, mon amour... tes souvenirs lointains arrivent comme des éclairs.

SUBLIMINITÉ D'AIMER

L e soleil se couche, et les étoiles commencent à exhiber l'éclat de leur beauté en écrivant nos noms dans le ciel, la lumière de la lune reflète dans les eaux nos âmes dans un tendre et beau chant, la nuit commence à projeter le silence caché du désir, dévoilant le secret de la sublimité d'aimer.

QU'IL EST BEAU...

Qu'il est beau de ressentir l'amour, il n'y a rien de plus merveilleux que de sentir ton cœur battre à toute vitesse, vouloir sortir de ta poitrine rien qu'en pensant à la personne que tu aimes, que ce sentiment parcoure tes veines et brûle comme un feu, que des flammes de désir se fondent rien qu'en l'imaginant dans une étreinte et que ce moment devienne éternel, que cet amour et moi habitons seuls, qu'il n'y ait plus de monde à cet instant, juste ses yeux perdus dans les miens, sentir sa respiration et ses caresses jusqu'à toucher le ciel lui-même.

COMME UN APRÈS-MIDI DE MARS

Je suis amoureuse à la folie, quel amour merveilleux! Comme un après-midi de mars, j'ai écrit avec mes yeux un poème sur son visage qui souriait tendrement, nos corps unis devenaient une seule âme de manière si sublime. Je l'aime passionnément, et j'ai ressenti cette réciprocité dessinée dans son regard lorsqu'il me tenait dans ses bras et me caressait amoureusement. Son amour est mien, j'ai pu entendre son cœur battre lorsqu'il me tenait contre sa poitrine et caressait doucement mes cheveux dorés. Oui…! Combien je l'aime…! Nous avons découvert qu'au fil des jours, nous ne pouvons pas être l'un sans l'autre. Tant d'années d'attente, le printemps arrive, et l'hiver s'éloigne peu à peu. Je suis la fleur de son désert qu'il a cultivée en silence, il m'a soignée de manière si belle, mes pétales ont ressurgi, ils étaient tombés dans la terre humide en raison des changements climatiques constants qui ont été hostiles au fil du temps. Maintenant, les couleurs brillent à nouveau et le gris des nuages ternes qui n'éclairaient pas mon ciel s'éloigne, mais maintenant tout est serein, car être dans ses bras, c'est comme flotter dans les eaux tranquilles de l'amour qui semblait s'être évanoui. Je ne me souviens de personne qui m'ait regardée comme il le fait ; ses yeux sont un miroir où je peux voir reflété cet amour silencieux depuis des années en raison des difficultés de la vie, celles vécues, et qui ont disparu pour que notre amour fleurisse dans le jardin merveilleux que nous construisons, jardin dans lequel je veux rester pour toujours. J'ouvre les yeux avec le premier rayon de soleil du matin, à travers ma fenêtre de verre je remarque que c'est encore l'hiver et que tu n'es pas à mes côtés, je ne comprends pas ce qui se passe, je pense que c'était un rêve, et je t'ai senti si mien, si réel. Le passé a voulu jouer en devenant réalité dans mes rêves, c'était si étrange de me réveiller.

MON JARDIN

Au début, mon jardin fleurissait tandis que les jours et les nuits passaient lentement, mon jardin était vert, avec de belles fleurs partout, mon jardin n'avait besoin que d'eau pour continuer à fleurir, il était rempli de joie, d'amour et de sourires. Mon jardin est maintenant en train de devenir cendres, il se dessèche, l'eau est devenue rare pour permettre aux fleurs d'éclore, la terre est devenue rugueuse, on ne peut plus y marcher, la joie, l'amour et les sourires ont disparu. Mon jardin a été blessé, il est maintenant triste et solitaire et va bientôt disparaître, mon jardin était beau, il y avait de la vie en lui. Mon jardin crie en silence avec ses feuilles tombées, et il aspire au parfum de ce qu'il était autrefois. Mon jardin se dessèche, mon jardin se dessèche.

JE VAIS VERS LE CRÉPUSCULE

Je vais vers le crépuscule, de loin, j'observe le destin qui m'attend, et de loin, j'observe aussi mon passé, parfois avec joie, et parfois avec mélancolie, mais il n'est pas encore jour, la nuit est sombre, embrassant mes pensées, qui désirent s'échapper à n'importe quelle époque, moment et lieu, illusions perdues, celles qui ne peuvent plus être récupérées, tout est éphémère, rien n'est éternel, et je cherche refuge parmi les souvenirs déjà lointains de l'île qui attend cette barque apparemment à la dérive, mais qui sait où elle va.

LES COULEURS DE CE CHEMIN

La vie est belle malgré les déserts que nous traversons, les couleurs de ce chemin ne brillent pas toujours, parfois elles sont ternes, mais toujours, à un moment de notre vie, ces couleurs reviennent à briller. La tristesse nous obscurcit parfois le soleil de l'espoir et de l'amour, et nous croyons que ce ciel gris ne quittera jamais nos vies, mais le ciel retrouve sa couleur bleue et tout brille à nouveau.

TOUT SERAIT DIFFÉRENT

Tout serait mieux s'il y avait plus de tolérance pour nous accepter les uns les autres, cette création appelée Terre dans laquelle nous vivons est belle, mais parfois nous dérivons dans une mer de difficultés où nous nous sentons désorientés sans savoir quelle direction prendre en raison des causes qui influencent notre environnement. Si nous nous efforcions tous de nous comprendre, d'admettre que, même si nous sommes différents, nous avons un seul objectif, qui est de vivre nos vies le mieux possible et avec amour, alors tout serait différent.

ENTRE VALLÉES ET MONTAGNES

Il y a des jours de pluie et des jours ensoleillés, ainsi est cette vie où nous marchons entre vallées et montagnes, parfois en haut et parfois en bas. Derrière chaque rêve souhaité, il y a un effort inimaginable fourni jusqu'à l'atteindre, mais malheureusement cette partie est invisible, on ne voit que le meilleur scénario de la vie dans la joie de notre être lorsque tout ou presque est accompli, et nous l'exprimons avec allégresse, humilité et gratitude, mais ce n'est pas toujours perçu ainsi, malheureusement, depuis l'angle erroné de la vie, de ce qui n'est pas compris, de combien de courage il a fallu pour surmonter les difficultés et atteindre l'objectif désiré.

TU SERAS TOUJOURS L'AIGLE QUI VOLERA LE PLUS HAUT, LÀ OÙ LE VAUTOUR NE POURRA PAS T'ATTEINDRE

Si un vautour s'approche de toi pour essayer de te dévorer parce qu'il pense que tu es vulnérable, prends ton envol, aigle, aussi haut que possible, même si tu es blessée, montre-lui que tu voles plus haut, là où jamais ce vautour n'atteindra. (Il y aura toujours des vautours dans ta vie, mais tu seras toujours l'aigle qui volera le plus haut, là où le vautour ne pourra pas t'atteindre). Nous devons savoir que ce n'est pas une question d'un jour, c'est une question de tous les jours jusqu'à ce que nous nous habituions à ce que, malgré les circonstances dans lesquelles nous pouvons nous trouver, nous devons continuer d'avancer. En comprenant tout cela, nous commencerons à nous sentir mieux et plus sûrs de nous. Fixons des objectifs dans nos vies et efforçons-nous de les atteindre, car nous avons l'énergie, la capacité, l'élan et la force en nous et si nous échouons, nous essaierons à nouveau.

MARIN

Marin, toi qui as toujours navigué sur tant de bateaux différents, cependant, cette petite barque est restée sans direction, et tandis qu'elle dérivait, une île déserte était proche, et elle y est restée piégée. Marin, cette barque ne peut plus être réparée, elle a été détruite par les coups des vagues de la mer à cause de la tempête que tu as vue venir, mais tu l'as simplement laissée partir. Ainsi, sans direction, la barque a résisté aux vents forts au milieu de l'océan, seule, sans un marin pour l'aider, maintenant tu veux ta barque de retour, mais elle est déjà brisée sur son île, et aujourd'hui elle ne peut plus naviguer.

POURQUOI?

ourquoi si loin? Pourquoi si près? Pourquoi cet hiver si froid? Pourquoi à un seul pas et si inaccessible? Pourquoi ai-je l'âme si vulnérable? Pourquoi es-tu venu? Pourquoi es-tu parti? Oh marin, toi qui t'éloignes en naviguant dans ces eaux si turbulentes, où vas-tu sans moi? Pourquoi le fais-tu? Pourquoi rames-tu si loin alors que tu es si près de moi? Pourquoi fais-tu mal? Pourquoi je pleure? Est-ce ton amour que j'implore?

JE ME SUIS DÉTACHÉE DE TOI

Je me suis détachée de toi comme une feuille morte d'automne, je me suis détachée de tes souvenirs, je n'en ai plus besoin, désolée. Ce qui nourrissait mon âme auparavant n'est plus qu'une tentative d'un passé frustré, d'un amour immense et moi... je suis désolée, mais je me suis détachée de tes changements d'humeur constants, de ta façon de voir la vie, de ta solitude avec des compagnies fugaces qui ne peuvent pas comprendre ton essence. Je ne sais pas si tu as déjà été aimé, mais il est évident que ton amour a été emprisonné, car tu as été déçu par le passé, je le vois dans tes yeux, tu as peur et tu te caches de toi-même, de ta fragilité à ressentir à nouveau ce qui t'a autrefois fait souffrir. Cela fait des années d'espoirs déçus, désolée mon ami, mais c'est ainsi la vie, ce qui aurait pu te rendre heureux, tu l'as laissé s'échapper par manque d'appréciation, car l'amour apparaît, mais disparaît aussi si on ne sait pas l'apprécier. Aujourd'hui, j'ai vu de la jalousie dans tes yeux parce que tu as remarqué que quelqu'un d'autre frappe à ma porte, j'ai ressenti la peur dans ton regard que ta chance emprisonnée ne pense plus à toi, ne t'aime plus, et je dois te dire que c'est vrai, tu m'as perdue, je ne ressens plus la même chose, je me suis détachée de toi.

LE PAYSAGE QUE J'IMAGINAIS DE TOI S'ÉVANOUIT

Le paysage que j'imaginais de toi s'évanouit, dans la solitude de la nuit, je te pense loin, et cet oubli de l'amour endormi naît, et l'étoile qui brillait autrefois s'est éteinte, ton souvenir attriste cette partie de ma vie. Tu étais un voyage fugace dans mes rêves qui ne s'est jamais réalisé, je ne veux pas chercher ce qui n'a jamais été perdu, et ici, assise face à la mer, je sens la vie passer, tout change, les vents changent de direction et la brise a dissipé la brume de cet amour qui n'a jamais été mien.

PERDUE

Perdue... je ne me souviens plus à quel moment j'ai perdu la lumière qui me guidait vers l'illusion d'un destin rempli d'une imagination enfantine, mais je continue d'avancer, bien que mon âme soit fissurée par tant d'erreurs. Perdue dans le courant de cette rivière qui m'entraîne avec cette sensation de m'enfoncer dans ces eaux profondes et sombres ou peut-être de me conduire vers la rive, et de continuer un chemin inconnu, mais cela me donne des frissons. Perdue... je vois une montagne devant mes yeux que je ne peux pas abattre et cela me terrifie de penser que tout ce en quoi j'avais cru se dissipe comme le vent entre mes doigts que je ne peux pas retenir, et je dois juste laisser couler les mers du temps qui enseignent que la réalité est différente des rêves dans lesquels nous grandissons quand nous sommes enfants, que nous pouvons naviguer tant que notre barque est solide mais pas quand elle devient fragile. Les coups des vagues sont si insupportables parce que lentement elle commence à vieillir de l'intérieur où personne ne remarque encore qu'elle se désintègre lentement jusqu'à ce que l'extérieur devienne visible lorsque les morceaux cassés tombent à la surface et flottent jusqu'à ce qu'il ne reste plus rien. J'ai peur de cette vie où j'ai grandi avec des sourires, avec les étreintes de ma mère et de mon père, avec un château de rêves merveilleux qui se transforment en cauchemars... Maintenant, tout se résume à une petite cabane au milieu de nulle part, et je suis terrifiée par la dure réalité de ce monde brutal rempli de réalités qui m'oppressent la poitrine, j'ai la sensation que nous naissons dans une bulle de fantaisie entourée de lumières de différentes couleurs et qu'à la fin nous terminons avec la seule couleur réelle de la vie.

TOUT À COUP

Un jour, tu te souviendras de moi de la manière la plus belle, de la façon la plus sublime, tu te rappelleras de mon sourire lorsque tu arrivais à ma porte, tu te rappelleras que ma façon de t'embrasser ne se trouvera jamais dans d'autres bras, que ma manière de t'aimer ne sera jamais celle d'autres personnes, et quand cela arrivera, alors tu te rendras compte qu'une âme comme la mienne n'est pas commune. Aujourd'hui, tu ne remarques pas ma façon exquise d'aimer, ma manière si sensible d'être ; mais tout à coup, un jour quelconque, tout perdra son sens en toi, tu te retrouveras à errer dans la vie, tout se transformera en une existence vide, se muant en illusions mortes, tout à coup l'hiver s'installera sans laisser place au printemps. Ainsi... tout à coup, tu te rendras compte que l'oubli est arrivé.

ET ON DEMANDE ENCORE SI JE T'AI AIMÉ!

Et on demande encore si je t'ai aimé! Mon âme a été blessée quand tu m'as laissé dans ce grand vide, je ne te blâme pas, c'est le destin. Ah mon amour, les années ont passé et je me demande encore pourquoi mon cœur bat si vite et pourquoi je soupire quand soudain tu envahis mes pensées à travers le son du vent, le goût du vin sur mes lèvres, tes vers que je lis et tes yeux vivent dans mes souvenirs, et on demande encore si je t'ai aimé! Juste parce que tes années et les miennes étaient différentes, comme si l'amour se mesurait en chiffres, pauvres gens curieux qui ne pensent qu'à mal parce qu'ils aiment faire le mal, que savent-ils de notre amour? Que savent-ils de ce que nous avons vécu? Qu'ils parlent, mon amour, qu'ils doutent, peu importe, tu es parti loin, vers l'éternité, et ici je me trouve à pleurer la douleur de ton absence année après année et on demande encore si je t'ai aimé! Peu importe ce qu'ils disent, mon amour, ce qui fait mal, c'est de savoir que tu n'es plus là.

LE PASSÉ

Le passé revient parfois soudainement dans nos souvenirs, quand nous croyons qu'il est dans un océan très profond en nous, mais il refait surface et navigue dans ces courants qui l'amènent à notre rive, il devient fragile, porteur d'espoir, mais craintif, car nous savons que rien n'est plus comme avant, tout change, tout se transforme, et cet espoir avec un sourire de pensées lointaines disparaît à nouveau, et il retourne aux profondeurs de l'océan de notre âme parce que nous savons qu'il ne s'intègre plus dans notre présent. Nos vies changent, mais l'essentiel est l'amour et la force de continuer à avancer.

AMOUR PERDU

Je l'ai vu de loin, le vent faisait danser ses cheveux déjà presque blancs par le temps, l'automne embrasse déjà sa vie et je ne suis plus non plus au printemps, mais je me trouve en été, suivant ses pas lointains. Oh vie! Je voudrais atteindre sa saison, la mienne est si distante, je me sens sur une île lointaine pleine d'âmes vides, personne ne me comprend ou peut-être est-ce moi qui ne comprends pas, ce qui est certain, c'est que ce cœur est déjà à bout de souffle après tant de désillusions à cause de cet amour souffert, cet automne doux-amer et fascinant qui veut embrasser et arracher mon âme et je ne trouve pas de calme pour supporter cet été éloigné de son amour perdu.

AUJOURD'HUI, JE ME SUIS RÉVEILLÉE EN PENSANT À TOI

Aujourd'hui, je me suis réveillée avec un désir immense de me perdre dans tes yeux, de les lire de la manière dont tu me regardais tant de fois avec discrétion à l'époque... Aujourd'hui, je me suis réveillée en pensant à toi, je me demande si tu penses aussi à moi, et rien qu'à t'imaginer, mon cœur vibre et ce soupir s'accroche, mais tu n'es pas là, ce ne sont que des rêves de mon être romantique, mon âme éblouie par toi, et une partie de moi me dit que cela ne peut pas être, mais je sais juste que je me suis réveillée en pensant à toi.

LE SON DE LA PLUIE

La nuit est arrivée, et je sens le son de la pluie qui me transporte vers ces pensées qui te remplissent tout mon être, il n'y a pas de place pour autre chose, tu habites seul mes pensées, en me souvenant de cette rencontre, de cette première étreinte qui a traversé mon cœur, de ces yeux, oh... ces yeux que je ne peux pas et ne veux pas oublier! Cette manière magnifique dont tu me regardais, tu n'avais pas besoin de mots, ce regard était capable de me parcourir en poèmes avec la plus douce tendresse... la nuit est arrivée, et je sens le son de la pluie qui enveloppe toutes mes pensées de toi.

LE TEMPS NE S'ARRÊTE PAS

L e temps ne s'arrête pas, mais tes yeux, que je ne vois pas toujours, me font m'arrêter quand ils apparaissent soudainement devant moi, je ressens la même chose en toi. Je ne sais pas si je t'ai aimé, je ne sais pas si tu m'as aimé, je sais juste que les années ont passé, mais chaque fois que nous nous rencontrons, c'est comme si nos âmes fusionnaient entre elles, et nous avons vieilli, et aucun de nous deux ne comprend pourquoi cela continue ainsi.

CHAQUE MOT DE TOI

Chaque mot de toi écrit dans tes lettres est une goutte d'eau dans ce désert aride, je rêve de ton corps et de tes baisers devenant l'oasis de ma vie et quand je me réveille chaque matin, c'est toi qui es dans mes pensées, tu n'imagines pas ce que je ressens dans cette distance, ma vie est vide dans cette séparation et je sens ton parfum à travers le souvenir, ce souvenir que je porte dans mon âme.

J'AI DEMANDÉ AVEC PEUR

O ui, je le sais, j'ai demandé avec peur, je sais que ton amour navigue sur une autre route, les vents ne soufflent plus ta barque vers mes plages maintenant éloignées de toi, je t'aime, mais peut-être plus; j'aime le voilier qui voyage seul dans la bonne direction, directe et sans détours et tu n'es pas mien, je comprends maintenant tes adieux qui semblent subtilement équivoques, précoces et tes réponses absentes, tu veux ramer ta barque dans une direction contraire à celle habituelle, mais il est trop tard. J'ai déjà demandé avec peur, je sais que ton amour navigue sur une autre route, les vents ne soufflent plus ta barque vers mes plages, maintenant éloignées de toi.

EN CES APRÈS-MIDI
SOMBRES ET FROIDS

En ces après-midi sombres et froids, cette mélancolie m'envahit, le vent effleure mes cheveux tandis que je suis à ma fenêtre, et cette absence de ton amour me fait me sentir loin de tout, proche de rien, et bien que tu sois à portée de vue, je ne peux pas décrire l'état de mon âme ; triste, sombre et vide, sans droit de te voler un baiser et sans droit à un peu de calme.

JE TE VOIS DISTANT SOUS FORME DE DIAMANT

Ces pensées de toi arrivent comme des torrents de papillons qui virevoltent tout autour de moi, j'essaie de les éviter, mais elles persistent comme une belle mélodie dans mon esprit qui accélère mon cœur, me faisant voir la vie en couleurs plus éclatantes, mais je te vois distant sous forme de diamant, inatteignable? Ou peut-être... atteignable? Je ne sais pas... je sais juste que tu brilles à mes yeux comme la première fois.

DIS-LE MOI

Dis-le moi... étais-tu une partie de mon âme ou l'estu encore? Je me demande de quelle manière tu m'imagines quand tu penses à moi... et si dans tes rêves tu désires atteindre les miens. Sais-tu?... Quand je crois que tu m'as oublié, alors tes lettres arrivent de loin et pénètrent mon cœur, le laissant battre d'une illusion qui s'est souvent évanouie, qui renaît encore et encore avec tes écrits d'amour infini. Je sens que tu m'appelles à grands cris dans le silence de ton âme défaillante, mais tu as peur que mes caresses atteignent les tiennes et je ne sais pas pourquoi, je ne comprends pas encore, parfois je pense que tu me vois comme une oasis loin de toi que tu sens ne pas pouvoir atteindre parce que tu crains que la vie te traite comme elle l'a peut-être déjà fait. Ne la blâme pas, parfois moi aussi j'ai peur, mais elle est comme elle est, tu dois juste oser savoir ce que le destin te réserve, peut-être sans faux pas, et saisir l'opportunité de vivre dans un printemps plein de fleurs et d'émotions que tu n'as jamais vécues, cela dépend de toi. La vie, c'est cela, prendre des risques. C'est vrai que... ensuite vient la question de gagner ou perdre parce que nous ne savons pas ce qui se passera, mais si nous ne le faisons pas... qu'est-ce qui nous attend alors sur le chemin? Une existence inerte et froide, pleine de mélancolie pour ce qui nous est arrivé dans le passé ou pour le regret des années de ne pas avoir fait le pas pour conquérir l'amour que nous pensions avoir déjà perdu.

LE VENT MURMURE ET LA NUIT M'ENVELOPPE DANS SON SILENCE

Le vent murmure et la nuit m'enveloppe dans son silence, je pense à toi et je voudrais échapper à mes pensées qui n'arrivent pas à cesser de t'imaginer. Tout en moi me mène à toi, mais ton absence fait mal, ton amour est une blessure que je porte en moi... Pourquoi as-tu frappé à ma porte? Pourquoi ce profond sentiment? Pourquoi ai-je l'impression que rien n'a de sens sans toi? Je veux que tu sois à mes côtés, amour de mes rêves, cette mélancolie que je ressens, c'est une agonie de ne pas t'avoir dans mes bras jour après jour.

JE FERME LES YEUX
ET JE PENSE À TOI

Je ferme les yeux et je pense à toi, en nous rappelant marcher ensemble main dans la main, en me souvenant de ta façon si belle de me faire sourire... Je ferme les yeux et je pense qu'il m'a suffi d'une seule journée à tes côtés pour découvrir que tu m'as rendue heureuse... Je ferme les yeux et je pense à toi, en me souvenant de ton tendre câlin, de ce joli poème que tu m'as susurré avec tant de douceur à l'oreille, transformant ma journée en le plus doux des cadeaux que je n'aie jamais eu depuis longtemps... Je ferme les yeux et je pense à toi parce que penser à toi est le plus beau rêve que j'aie éveillée avant de dormir.

EN PENSANT À TOI

L a nuit dernière, je t'ai rêvé, et je me suis réveillée en pensant à toi, ces pensées que j'aimerais être des caresses de moi qui couvriraient tout ton être, mais même dans le monde des rêves, je te sens inatteignable, tu es cette attente sans espoir que tu n'arriveras jamais. Oh! Oui, je me souviens, tu aurais pu être atteignable, moi aussi, mais le temps de ce qui aurait pu être est passé, et me voilà, face à la mer, en pensant à toi de la même manière que tu penses à moi.

EN TE REGARDANT
SEULEMENT ET RIEN DE PLUS

S i je rêve, alors je veux rester dans ce rêve et ne jamais me réveiller, tes pas, ton sourire, ce regard, ces souvenirs reprennent mon cœur quand il battait à tout rompre en te voyant passer, dans cette rue, dans ce lieu lointain, en vérité, si je pouvais remonter le temps pour un instant, je te ferais savoir que mes yeux s'illuminaient en te voyant, et je me contentais juste de cela, en te regardant seulement et rien de plus.

LE DESTIN N'ÉTAIT PAS LE NÔTRE

J'étais à lui, mais il ne le savait pas... Il était à moi, je ne le savais pas non plus. Maintenant, nous savons que nous étions l'un à l'autre... mais le destin n'était pas le nôtre... il était à celles-ci, à ceux-là, à d'autres, à d'autres encore... peut-être à personne et peut-être à tout le monde, sauf à nous deux... et ainsi...

HIVER D'AMOUR

La nuit tombe lentement, un café dont l'arôme se répand dans ma chambre, une poésie que j'entends au loin caresse mon être... J'observe la pluie qui, comme des larmes, effleure mes fenêtres de verre, la nostalgie couvre mon âme, des pensées dans un hiver d'amour, qui ne veut pas changer de saison.

ÎLE DÉSERTE

Et si je m'éloigne toujours de son île, c'est parce qu'elle n'est pas déserte, ses espaces sont occupés, et après tant de navigation, je me sens épuisée, c'est trop d'effort, je n'ai pas besoin de me battre pour un morceau de ciel avec des nuages gris et des ombres, j'ai juste besoin d'une île déserte, où le soleil illumine chaque matin mes yeux et où la musique de la mer parcourt mon cœur avec le son d'un amour qui n'est pas incertain.

EN CES COUCHERS DE SOLEIL D'HIVER, JE PENSE À TOI

E n ces couchers de soleil d'hiver, je pense à toi, les nuages défilent devant mes yeux, le soleil se couche à l'horizon, l'air froid caresse mon visage, et mes pensées s'échappent en se souvenant de ton regard, ce regard qui a ébloui mon âme lorsqu'il a croisé le mien, ce regard qui est aujourd'hui si loin et qui était si mien.

J'AI CESSÉ DE CROIRE EN TON OMBRE ERRANTE SANS DESTIN

J'ai cessé de croire en ton ombre errante sans destin, en ta voix silencieuse qui me lance dans l'abîme, j'ai cessé de croire en tes yeux qui regardent le vide de loin, dans la noirceur de tes caresses, dans tes bras sans étreintes et dans tes lèvres qui ne baisent pas les miennes ; j'ai cessé de t'aimer parce que j'ai cessé de te croire en raison de ton ombre errante sans destin.

JE SUIS REVENU

Je suis revenu de ce désert où les sables mouvants menaçaient l'existence de mon amour. Je suis revenu de ce désert où à chaque oasis je sentais que je pouvais y rester éternellement. Mais ce n'était qu'un mirage sous le soleil brûlant de la folie de la passion. Je suis revenu de l'ambiguïté des larmes et des sourires par étapes qui déstabilisaient l'harmonie de mon être. Mais je suis revenu à la fin, encore avec l'âme brisée, et je dois continuer...

DANS LA TEMPÊTE QUI FRAPPE MA VIE

Dans la tempête qui frappe ma vie en ce moment, tu arrives soudainement dans mes pensées. Je ne comprends pas pourquoi, je ne te connais pas, tu es loin de moi. Ta compassion et ta passion pour ceux qui ont besoin d'un peu d'amour, d'un peu d'humanité, et dont les voix doivent être entendues à travers ton cœur dans le monde sont belles. J'ai vu tes yeux, j'ai entendu ta voix. Peut-être que je t'idéalise, peut-être es-tu juste un rêve, mais je peux sentir ton âme, qui semble similaire à la mienne. Je ne sais pas qui tu es, mais tu éveilles en moi de la tendresse qui parcourt mes veines... C'est vrai. Non, je ne te connais pas! Et peut-être que je t'idéalise, peut-être es-tu juste un rêve, et je ne comprends pas pourquoi tu arrives soudainement dans mes pensées en ces moments de tempête qui frappe ma vie.

AUJOURD'HUI, JE L'AI VU DE LOIN

Aujourd'hui, je l'ai vu de loin, les rayons du soleil révélaient son visage triste et éteint par mon absence, la brise courait doucement en caressant sa belle peau... Il m'a aussi vue, il m'a vue de loin, j'ai senti qu'il m'appelait en silence, ses yeux à distance me disaient «Je t'aime...», et mon âme a tremblé, j'ai répondu de la même manière que lui, en silence, que je l'aime.

AUJOURD'HUI, JE ME SUIS RÉVEILLÉE AVEC UNE NOUVELLE LUMIÈRE

Aujourd'hui, je me suis réveillée avec une nouvelle lumière, avec un beau réveil, je prends un café en observant le paysage au loin, je sens cette légère fraîcheur du matin, et je me souviens de tant de choses, les belles de la vie pour harmoniser ma journée, et faire naître la joie dans un nouveau commencement de ma vie.

LE VOIR PASSER

Tous les jours au même endroit, je le vois passer, je l'observe tendrement, doucement, il sait que je le suis du regard, je le remarque à sa démarche, ses pas démontrent de la fierté, son sourire de l'émotion, et sa tentative de coïncider avec moi encore et encore, et moi je veux juste être là tous les jours, au même endroit, et le voir passer.

JE ME RÉJOUIS

Je me réjouis de ta voix et je sais que tu le remarques. La beauté de ton âme me fascine. J'admire tout de toi et je te connais à peine. Qui es-tu pour faire battre mon cœur d'une manière que je ne comprends pas? Je sais seulement que tu m'appelles désespérément du plus profond de ton âme et que je t'entends dans mon cœur... Je ne cesse de penser à toi. Je ne veux pas rester errante sans savoir où te trouver. Je ne veux pas perdre tes pas sur le chemin, ni que ce nouveau destin me joue un autre tour.

TON BONHEUR
DÉFINIT LE MIEN

Ton bonheur définit le mien, tu fais naître en moi des pensées de poésie, tu fais que ma vie soit immergée dans la douceur de nos âmes, que la joie envahisse mon cœur. Oui, ton bonheur définit le mien, je te donnerai des mots d'amour qui te rempliront de tendresse, tu ressentiras mes étreintes et mes baisers chaque jour. Oui, ton bonheur définit le mien et tu fais naître en moi des pensées de poésie.

TU FAIS PARTIE DE MOI

Tu fais partie de moi, tout comme je fais partie de toi, je te donne ma vie, mon âme, mon existence, mon amour, mon cœur et tout ce que je suis, et c'est que ta bouche cabalistique, et ton splendide amour de poésie timide et d'éveil radieux me font ressentir toute la beauté que je porte en moi, incitant mon âme à comprendre que tu fais partie de moi, tout comme je fais aussi partie de toi.

MORCEAUX VÉCUS

Mélancolie, tristesse, nostalgie... mais aussi amour et espoir. À travers le parcours de cette vie, nous rencontrons des déserts que nous devons affronter avec douleur et courage, d'autres s'ajoutent comme l'incompréhension de ceux dont nous attendons plus dans des moments si difficiles où nous éprouvons une tempête intérieure et nous nous sentons coincés entre l'ombre et la lumière, c'est une sensation de chute dans un abîme, et quand nous sommes dans ce précipice, nous ne voyons pas l'espoir, mais la vérité est qu'elle existe, car nous pouvons reprendre nos vies en ramassant nos morceaux vécus avec de nouveaux désirs et continuer à avancer.

TOUT EST PLUS BEAU QUAND JE SUIS AVEC TOI

Tout est plus beau quand je suis avec toi, le vent devient visible à mes yeux lorsqu'il enveloppe tes cheveux de ses caresses, et la couleur de tes yeux brille avec chaque regard perdu dans le mien, essayant de trouver ce qui est tellement toi et que tu as si profondément en moi, mon âme, tout est plus beau quand je suis avec toi.

L'ÉCLAT DE CE REGARD

L'éclat de ce regard envahit mes pensées, quelque chose en moi ressurgit à nouveau... des éclats de souvenirs heureux, sans cicatrices, avec la plus pure des ingénuités, sublime, magique et serein, je me sens comme la mer, qui souvent paraît calme, mais dont les courants poussent une force irrésistible en profondeur.

POURQUOI JE NE CESSE DE PENSER À TES YEUX?

Pourquoi je ne cesse de penser à tes yeux?... et c'est que je ne cesse de penser à ce regard qui m'a envoûtée depuis cette fois où tes caresses m'ont parcourue en vers silencieux tout ce désir que tu ressens pour moi, pour mes baisers qui sont tellement les tiens et pour mon âme qui l'est aussi... Pourquoi je ne cesse de penser à tes yeux, pourquoi je ne cesse de penser à toi?

LA CROYANCE EN L'AMOUR

Je ne sais pas si tu sais qui tu penses avoir perdu, car tu ne m'as jamais eue dans tes bras, mais angéliquement en silence je continue de t'aimer, en voyant les feuilles qui depuis changent de couleur et tombent avec le temps, et d'autres naissent, celles qui commencent une nouvelle vie avec la couleur de l'espoir, ainsi es-tu, l'illusion, la croyance en l'amour, la feuille qui a changé de couleur et est tombée, et qui maintenant renaît.

JE T'ATTENDS ICI

Viens mon amour courir dans mes bras, je t'attends ici, avec un tas de rêves qui sont tellement les tiens, qui sont tellement les miens, viens mon amour sur cette vague, attrape-la, s'il te plaît ne reviens pas une fois que tu auras atteint là où ces bras t'attendent ouverts dans ce port, continue de ramer jusqu'à ma rive, ici tout est beau, ici nous serons heureux marin, j'entends le chant des mouettes et le murmure du vent, ici sur ma rive, dans cette mer de désir, viens mon amour courir dans mes bras, je t'attends ici.

JE T'AI RETROUVÉ
DANS LA DISTANCE

Je t'ai retrouvé dans la distance, je ne sais pas si tu réalises que mes mots sont imprégnés de la pluie de la joie, du vent de l'émotion, de la passion débridée et de la tendresse de l'amour. Je t'ai retrouvé dans la distance, et même de loin, je peux t'imaginer, je me souviens de toi tel que tu étais : souriant, doux, chevaleresque, et ta manière si belle d'être. Oui... je t'ai retrouvé dans la distance, et mes pensées sont envahies de ces regards que je sentais interdits pour moi. Je t'ai retrouvé dans la distance et ce que je ressens pour toi est magnifique.

LES CORDES D'UN SITAR

L is mes yeux, écris avec tes caresses sur ma peau tes plus beaux poèmes, bois-moi comme si j'étais du champagne et touche-moi avec tes mains comme si j'étais les cordes d'un sitar, et je te promets que tu entendras pour toujours la musique de l'amour.

COMMENCEMENT

Je commence un nouveau voyage, m'éloignant de l'hiver froid qui a essayé de frapper mon âme avec une fureur indomptable en dévorant l'illusion et l'espoir. Je commence à voler vers des lieux inconnus, avec des forces renouvelées et sans peur, où j'expérimenterai des sensations resplendissantes sous un autre angle de la vie où surgiront des rêves splendides. Je commence une autre histoire vers le futur. Je commence avec le courage d'avancer, je commence avec le beau lever du soleil où je peux sentir la rosée sur ma peau me baptisant de nouveaux espoirs. Je commence avec ce que je suis, avec ce que j'ai. Je commence avec l'intensité du cœur et la sensibilité de mes sentiments, je commence — oui — avec une nouvelle histoire où seul l'amour gagnera.

BIOGRAPHIE

Tatiana Marín

Nationalisée américaine, Tatiana Marín est passionnée par l'art et les lettres depuis son plus jeune âge. Elle a émigré aux États-Unis, où elle réside actuellement et se consacre à l'écriture.

Elle a publié plusieurs de ses œuvres littéraires aux États-Unis et en Espagne, franchissant les frontières dans différentes langues telles que l'espagnol, l'anglais et le français.

La poésie de Tatiana Marín se distingue par son style lyrique et évocateur. Ses vers sont une combinaison de délicatesse et de force, qui coulent avec harmonie et nous plongent dans une atmosphère nostalgique et réflexive. Grâce à son habileté à choisir les mots justes, l'auteure parvient à transmettre des émotions profondes et à éveiller les sens du lecteur.

La passion et la simplicité avec lesquelles elle fait vivre les personnages dans ses romans lui confèrent une caractérisation très personnelle, permettant aux lecteurs de sympathiser avec chacun d'eux.